Reimereien

Gedichte so bunt wie das Leben

Band 2

Reime, Reime, Reime – ihr wisst schon, was ich meine

Antje Steffen

REIMEREIEN

Gedichte so bunt wie das Leben, Band 2

Impressum

Bibliografische Information der Deutschen Nationalbibliothek:
Die Deutsche Nationalbibliothek verzeichnet diese Publikation in der Deutschen Nationalbibliografie; detaillierte bibliografische Daten sind im Internet über http://dnb.dnb.de abrufbar.

© 2021 Antje Steffen Cover-

bild: Antje Steffen

Herstellung und Verlag: BoD – Books on Demand, Norderstedt

ISBN: 978-3-7543-1665-8

Vorwort

In diesem Buch finden sich Gedichte, die ich zu den unterschiedlichsten Aufgabenstellungen geschrieben habe.

In einem Internetforum für Hobby-Autoren gibt es einen Bereich, in dem die Admina Themen und weitere Einzelheiten vorgibt, aus denen dann Gedichte entstehen sollen.

Ich habe zu jeder Aufgabenstellung etwas geschrieben und präsentiere im Anschluss meine jeweiligen Gedichte.

Es gibt sieben Kategorien, in denen unterschiedliche Anzahlen von Themen vorgegeben sind.

Bei manchen Gedichten habe ich ein eigene Überschrift gewählt. Andere haben einfach das Thema als Titel.

Ich wünsche viel Freude beim Stöbern und Entdecken.

Antje Steffen

Achtzeiler-Gedichte

Bei den Achtzeiler-Gedichten geht es um folgendes:

Es wird ein Thema vorgegeben, von dem das Gedicht handeln muss. Außerdem besteht die Aufgabe darin, dass die Gedichte genau acht Zeilen haben müssen.

Freigestellt ist, ob man dem Gedicht einen eigenen Titel gibt oder einfach das Themenwort als Überschrift wählt.

Themen:

1. Ehe
2. Sonne
3. Sterne
4. Spurensuche
5. Teddybär
6. Balkon
7. Rübezahl
8. Rosenstock
9. Feuerwehr
10. Ostern
11. Frühlingsanfang
12. Knoblauch
13. Vorbild
14. Geizhals
15. Pralinen
16. Valentinstag
17. Sturm
18. Advent
19. Nikolausstiefel
20. Trump
21. Nüsse

Ehe

Eine Ehe sollte so sein,
dass keiner macht den anderen klein.

Respekt, den sollen beide haben.
Das ist eine der wichtigsten Gaben.

Wenn beide auch mal zurückstecken,
nicht immer nur die Zähne blecken,
dann können alle Ehepaare
haben viele, glückliche Jahre.

© A.S. Juli 2018

Sonne

Die Sonne steht am Himmelszelt.
Sie wärmt für uns die ganze Welt.

Doch richtet sie auch Schaden an.
Verbrennt die Haut so dann und wann.

Sie sorgt für Wachstum und für Hitze.
Auf das ein jeder auch mal schwitze.

Die Sonne uns das Leben spendet.
Zweimal im Jahr, die Zeit sie wendet.

© A.S. Juli 2018

Sterne

Hoch droben an des Himmels Zelt
leuchten die Sterne hinunter zur Welt.

Manche siehst du heut noch leuchten,
obwohl vor langem sie entfleuchten.

Die Venus strahlt so hell und schön,
siehst sie nachts beim spazieren gehen.

Auch Sternzeichen kannst du entdecken,
wenn nicht hinter Wolken sie sich verstecken.

© A.S. Juli 2018

Spurensuche

Die Spurensuche ist sehr schwer,
da müssen Spezialisten her.

Die kommen an mit viel Gepäck,
dann jagen sie die Schaulustigen weg.

Sie nehmen Pinsel und auch Gips,
denn sie haben sehr viel Grips.

Mit einem Abdruck der Schuhsohle,
die Polizei den Täter hole.

© A.S. Juli 2018

Teddybär

Die Spieluhr ist ein Teddybär.
Das Einschlafen fällt gar nicht schwer.

Wenn man an ihrer Schnur hier zieht,
spielt sie ein wunderschönes Lied.

Dem Kind fallen die Augen zu,
die Eltern kommen auch zur Ruh!

Der Teddybär am Bettchen hängt,
was für ein wunderbares Geschenk.

© A.S. Juli 2018

Balkon

Eine Oase der Ruhe ist er schon,
der wunderschöne, kleine Balkon.

Mit Blumen ist er auch geschmückt.
Die schenken uns ein Stückchen Glück.

Das Windspiel leis im Wind sich regt.
Die Blätter werden weggefegt.

Ein Liegestuhl schnell aufgestellt,
macht ihn zum schönsten Ort der Welt.

© A.S. Juli 2018

Rübezahl

Rübezahl der wohnt am Berg
und er ist gewiss kein Zwerg.

Nein, ein Berggeist soll er sein,
der mal bös ist und gemein.

Dann jedoch auch nett und lieb,
wie man es in Sagen schrieb.

Ärgerst du den Rübezahl,
macht die Wanderung er dir zur Qual.

© A.S. Juli 2018

Rosenstock

Der Rosenstock im Garten steht.
Bewegt sich, wenn der Wind leicht weht.

Er duftet frisch an Sommertagen.
Wer will nach seinem Namen fragen?

Die Blüten, sie sind pink und groß
und leuchten dabei ganz famos.

Wenn welk sind seine Blüten – sieh
dann duften sie im Potpourri!

© A.S. Juli 2018

Feuerwehr

Die Feuerwehr kommt schnell herbei,
wählst du bei Feuer eins eins zwei.

Die Männer rollen aus den Schlauch
Und öffnen den Hydranten auch.

Dann kommts Kommando „Wasser marsch!"
Der Tonfall manchmal klingt recht barsch.

Gelöscht wird schnell das Feuer dann.
Sei dankbar für den Feuerwehrmann!

© A.S. Juli 2018

Ostern

Die Osterzeit, wie wunderbar,
kommt im Frühling jedes Jahr.

Mit Eiern wird geschmückt der Baum.
Dort hängen alle wie im Traum.

Hasen und Hühner werden aufgestellt.
Das ist so Brauch in unserer Welt.

Am Ostersonntag ist sodann,
die Ostereiersuche dran.

© A.S. Juli 2018

Frühlingsanfang

Im Frühling, wenn die Blumen sprießen
und Säfte in die Bäume schießen,
dann geht das Leben wieder los.
Ein jeder denkt sich: „Wie famos!"

Die Vögel singen ihre Lieder.
Im Garten blüht der weiße Flieder.

Auch Krokusse und Narzissen,
die müssen wir nun nicht mehr missen.

Knoblauch

Knoblauch essen ist gesund,
doch riechst du dann aus deinem Mund.

Helfen soll es Milch zu trinken,
damit soll es weniger stinken.

Wenn du hast ein Rendezvous,
lass den Knoblauch lieber du.

Willst du etwa es riskieren,
deinen Schatz gleich zu verlieren?

© A.S. März 2019

Vorbild

So mancher Mensch ein Vorbild kennt,
welches er leicht beim Namen nennt.

Das können sein Vater oder Mutter
oder auch Reformator Luther.

Ein Vorbild soll stets hilfreich sein,
damit man schlägt den rechten Weg ein.

Stellt sich's als Irrtum dann heraus,
ist's ganz schnell mit dem Vorbild aus.

© A.S. März 2019

Geizhals

Der Geizhals sitzt auf seinem Geld!
Versteckt es vor dem Rest der Welt!

Ins Kino geht er niemals hin.
Das kommt ihm gar nicht in den Sinn.

Auch neue Sachen sich zu kaufen,
da kann er doch empört nur schnaufen.

Geschenke gibt es von ihm nicht.
Er ist gewiss ein armer Wicht!

© A.S. März 2019

Pralinen

Pralinenschachteln Groß und Klein,
die stehen im Regal – oh nein!

Sie locken mich mit ihren Bildern
und auch mit den Angebotsschildern.

Schon streck ich aus die Hand danach,
denke nicht weiter drüber nach.

Die Schachtel oder lieber die –
ohne Pralinen geht es nie!

© A.S. März 2019

Valentinstag

Am 14. Februar jedes Jahr
ist der Valentinstag da.

Im Blumenladen rote Rosen stehen,
die an diesem Tag im Verkauf gut gehen.

Auch Schokolade, Pralinen und mehr
schenken die Leute heute her.

Alles ist mit Herzen geschmückt,
sodass ein jeder wird entzückt.

© A.S. März 2019

Sturm

Der Wind fegt stürmisch um das Haus.
Da möchte wirklich niemand raus.

Bäume werden stark gebogen.
Was nicht fest ist, kommt geflogen.

Dazu Regen direkt von vorn.
Dringt auch ein in deine Ohren.

Wetter, das macht, was es will
und das nicht nur im April!

© A.S. März 2019

Advent

Advent ist eine schöne Zeit.
Für Weihnachten machen wir uns bereit.

Ein Adventskranz wird gemacht,
über Geschenke nachgedacht.

Kalendertürchen geöffnet werden,
friedliche Stille kehrt ein auf Erden.

Vier Wochen voll Gemütlichkeit.
Advent ist eine schöne Zeit

© A.S. 10.11.2020

Nikolausstiefel

Stiefel werden geputzt geschwind
am 05. Dezember von jedem Kind.

Die sauberen Stiefel kommen dann raus,
damit der Nikolaus sie findet beim Haus.

Der kommt dann in der Nacht vorbei
und bringt so manche Leckerei.

Gefüllt ist der Nikolausstiefel dann,
wenn morgens kommt das Kind bei ihm an.

© A.S. 10.11.2020

Trump

Die ganze Welt kann es nicht fassen:
Trump will nicht vom Präsidentenamt lassen!

Er schreit: Betrug und Schweinerei!
Die Stimmen der Wähler sind ihm einerlei.

Er klagt und zieht nun vor Gericht.
Jedoch Beweise hat er nicht.

Wann sieht der Kerl denn endlich ein:
Joe Biden wird der nächste Präsident sein!

© A.S. 10.11.2020

Nüsse

Nüsse ja, die mag ich gern.
Ob Paranuss, ob Mandelkern.

Ich hole sie mir jetzt ins Haus
und knacke dann sie alle aus.

Am Abend, wenn ich Fernsehen schau,
ich gern mal eine Nuss auch kau.

Im Herbst gehören Nüsse dazu.
Ich bin sicher, dass meinst auch du!

© A.S. 10.11.2020

Drei-Worte-Gedichte

Für die Drei-Worte-Gedichte sind jeweils drei
Worte vorgegeben, die im Gedicht vorkommen
müssen. Dies muss in der vorgegebenen Reihen-
folge geschehen. Alles andere bleibt dem Dichter
überlassen. Das Gedicht muss sich weder reimen
noch ein bestimmte Länge haben.

Themen:
1. Hätte – wäre – wenn
2. Leben – Sturm – Regen
3. Gestern – heute – morgen
4. Hund – Katze – Maus
5. Aber – dann – doch
6. Sowohl – als – auch
7. Ohne – mit – wie
8. Und – ohne – alles
9. Womit – hingegen – weder
10. Weshalb – warum – wieso
11. Liebe – Hass -Neid
12. Aktiv – passiv – egal
13. Zuvor – später – doch
14. Zur – wurde – unter
15. Krawatte – Ferien – Streit

Hätte – wäre – wenn

Hätte ich es aufgeschrieben,
wäre es mir im Gedächtnis geblieben.

Jetzt denke ich lange nach,
ob es mir einfällt. Ach, ach, ach!

Wenn der Gedanke kommt zurück,
sofort ich den Stift zum Aufschreiben zück!

© A.S. 14.04.2021

Leben – Sturm - Regen

Was mag es in diesem Leben
für uns noch so alles geben?

Haben manchen Sturm erlebt,
manchmal, dass die Erde bebt.

Regen fiel mal wenig, mal viel.
Pfützenhüpfen ist bei Kindern ein Spiel.

Abwechslungsreich geht es immer zu,
da langweilt sich weder er, sie noch du!

© A.S. 14.04.2021

Gestern – heute - morgen

Wer hätte gestern daran gedacht,
was das Schicksal heute mit uns macht.

Bringt uns Kummer mal und Sorgen,
hoffen wir auf ein besseres morgen.

© A.S. 14.04.2021

Hund – Katze – Maus

Der Hund, der bellt und läuft zum Tor.
Die Katze, die steht stolz davon.
In ihrem Maul trägt sie `ne Maus.
Für die ging das Fangenspiel nicht gut aus!

© A.S. 14.04.2021

Aber – dann – doch

Aber kannst du denn nicht sehen,
dass wir auseinandergehen?

Wenn nicht einer von uns nachgibt,
dann haben wir es vollkommen versiebt.

Doch das wollen wir beide nicht,
darum schreib ich dies Gedicht!

© A.S. 14.04.2021

Sowohl – als – auch

Sowohl am Abend und in der Nacht
habe ich an dich gedacht.

Als ich eingeschlafen bin,
warst in meinem Traum du drin.

Auch am Morgen, der dann kam,
sehnte ich mich nach deinem Arm.

© A.S. 14.04.2021

Ohne – mit – wie

Ohne einen guten Grund
tue ich meine Meinung nicht kund.

Ich wähle meine Worte mit Bedacht,
hab gründlich über alles nachgedacht.

Wie sage ich am besten es dir,
was mir gefällt oder auch nicht an dir?

© A.S. 14.04.2021

Und – ohne - alles

Und wenn ich hier so sitze,
ohne dass ich schwitze,
dann bin ich wirklich froh,
das Leben ist halt so.
Alles hat seinen Sinn.
Sieh ganz genau nur hin!

© A.S. 26.05.2021

Womit – hingegen - weder

Womit soll ich beginnen?
Will dieses Spiel gewinnen.

Ich mache meinen Zug,
nicht sicher, ob er klug.

Du hingegen lächelst leicht,
als hättest du den Sieg erreicht.

Setzt deine Spielfigur aufs Feld.
Erwartest weder Ruhm noch Geld.

Nur Spaß am Spiel ist wichtig.
Ich denk, du machst es richtig!

© A.S. 26.05.2021

Weshalb – warum - wieso

Ich frage mich, weshalb
liegt dort dieses Kalb?

Warum läuft es nicht weg?
Bleibt liegen auf dem Fleck?

Wieso mag das so sein?
Es ist ja noch sehr klein.

© A.S. 26.05.2021

Liebe – Hass – Neid

Die Liebe, nein, die ist kein Spiel.
Sie bedeutet für die Menschen viel.

Doch, wenn die Liebe wird zu Hass,
dann gibt es Streit ohne Unterlass.

Auch Neid bereitet dem Menschen Kummer.
Manch einer fühlt sich wie `ne Nummer.

© A.S. 26.05.2021

Aktiv – passiv – egal

Aktiv sein, ja, das ist der Hit!
So bleibst du auch ganz lange fit!

Wer passiv nur im Sessel sitzt
und dabei niemals richtig schwitzt,
dem wird das Leben bald egal.
Nun steht er vor der Qual der Wahl.

© A.S. 26.05.2021

Zuvor – später – doch

Ich koche heute einmal Penne.
Zuvor ich in den Laden renne.

Ich brauch noch so manche Sachen,
um das Gericht perfekt zu machen.

Später sitzen wir dann am Tisch
und du fragst mich: „Wo ist denn der Fisch?"

Ich schüttel mit dem Kopf sodann.
Du weißt doch, dass ich den nicht essen kann.

© A.S. 26.05.2021

Zur – wurde – unter

Zur Zeit gibt's Regeln noch und noch.
Zum Erhalt der Gesundheit dienen diese doch.

Es wurde nach und nach erst klar,
wie gefährlich Corona wirklich war.

Unter den Menschen machte Angst sich breit.
Hoffentlich sind bald vom Virus wir befreit.

© A.S. 26.05.2021

Krawatte – Ferien – Streit

„Ich trage hier keine Krawatte!"
Sprach zu Trude einst ihr Gatte.

„Sind hier in den Ferien doch,
hier wird wirklich nicht malocht.

Diesen Schlips kannst du behalten,
vielleicht was damit gestalten."

Trude holte Luft sodann,
fuhr den Gatten wütend an:

„Willst du wohl einmal hören,
mir die Laune nicht zerstören!"

So kam es zum schönsten Streit,
Zweisamkeit verschwand auf Zeit.

© A.S. 26.05.2021

Egal wie- Gedichte

Für die Egal wie-Gedichte sind ebenfalls Themen vorgegeben. Die Besonderheit bei diesen Gedichten besteht darin, dass sie auf jeden Fall mit den Worten „Egal wie" anfangen müssen.

Da ich das ein paar Mal vergessen habe, finden sich hier zu einigen Themen zwei Gedichte, von denen jeweils eines nicht mit „Egal wie" beginnt.

Auch hier gibt es keine Vorgaben in Richtung Länge oder Art des Gedichtes.

Themen:

1. Adventskranz
2. Gänsebraten
3. Weihnachtsmarkt
4. Sektkorken
5. Schneelawine
6. Feuerwehr
7. Freundschaft
8. Senioren
9. Stimmungslage
10. Schneefall
11. Feuerwerk

Adventskranz

Die Weihnachtszeit, die kommt geschwind.
Darauf freut sich auch jedes Kind.

Der Weihnachtsschmuck wird aufgebaut,
war lange nun in Kisten verstaut.

Hervorgeholt werden Engel, Wichtel und mehr
und auch ein Adventskranz muss jetzt her.

Geschmückt mit vier dicken, roten Kerzen
erfreut er sogleich alle Herzen.

Am ersten Advent die erste Kerze dann brennt.
Schade nur, dass die Zeit so rennt.

© A.S. 29.11.2020

Adventskranz

Egal wie sehr ich es versuche,
beim Adventskranzbinden ich stets fluche!

Die Zweige wollen sich nicht biegen.
Dafür die ersten Nadeln fliegen.

Die Kerzen stehen schief und krumm,
dass wird mir langsam echt zu dumm!

Wie soll denn das ein Kranz nur werden?
Ich höre schon die Familienbeschwerden.

Im nächsten Jahr, da bin ich schlau!
Da kauf ich einen Kranz, genau!

© A.S. 10.12.2020

Gänsebraten

Soll ich dir mal etwas verraten:
An Weihnachten gibt es keine Gänsebraten!

Die Gans läuft noch im Garten rum.
Schlich sich in die Herzen! Gar nicht dumm!

Nun muss ein anderes Essen her.
Die Entscheidung fiel auch gar nicht schwer.

Es gibt Kartoffelsalat und Wurst
und leckeren Punsch gegen den Durst!

© A.S. 29.11.2020

Gänsebraten

Egal wie nett dein Angebot:
Gänse mag ich lebendig, nicht tot.

Drum will ich keinen Gänsebraten,
lass die Gans lieber laufen im Garten.

Dort schnattert fröhlich sie am Tag,
tut Dinge, die sie gerne mag.

Bewacht das Grundstück wie ein Hund
und bleibt hoffentlich lange gesund!

© A.S. 10.12.2020

Weihnachtsmarkt

Einen Weihnachtsmarkt, den gibt es nicht.
Dafür so manch trauriges Gesicht.

Kein Schlendern auf dem Weihnachtsmarkt.
Das wurde wegen Corona untersagt.

Doch Mandeln, Schmalzkuchen und Punsch
sind von vielen trotzdem ein großer Wunsch.

Sie wollen gern beisammen sein,
dann Weihnachten ist niemand gern allein.

Ob sich ein guter Weg hier findet.
Hoffen wir, dass das Virus bald verschwindet.

© A.S. 29.11.2020

Weihnachtsmarkt

Egal wie ich's auch dreh und wende,
das Jahr, es geht nun bald zu Ende.

Jedoch hält diese Weihnachtszeit
so manche Änderung bereit.

Weihnachtsmärkte, nein, die gibt es nicht.
Dafür ist das Tragen von Masken Pflicht.

Beim Einkauf, in Bus und Bahn,
nein, ohne darfst du damit nicht fahren.

Wo sonst die Buden dicht an dicht,
da findest du sie heute nicht.

Kein Schlendern im bunten Lichterschein,
auch Wurst und Glühwein nicht – oh nein!

In diesem Jahr fällt all das aus,
die Leute, die bleiben jetzt zuhaus'.

© A.S 10.12.2020

Sektkorken

Egal wie dieses Jahr auch war,
am Ende ist Silvester da.

Dann geht das Jahr dem Ende zu.
Mal laut und auch mal ganz in Ruh!

Sektkorken knallen um Mitternacht
und Pläne, die werden auch gemacht.

Feuerwerk den Himmel erhellt
Oh man, das viele, viele Geld.

Mit Böllern kannst du mich verjagen.
Den Lärm, den kann ich nicht ertragen.

© A.S. 10.12.2020

Schneelawine

Egal wie man es dreht und wendet,
eine Lawine vieles beendet.

Schnee, der kommt in Massen vom Berg,
da fühlst du Mensch dich gleich wie ein Zwerg.

© A.S. 10.12.2020

Feuerwehr

Egal wie hoch die Flammen sind,
die Feuerwehr, die kommt geschwind.

Mit Schlauch und Pumpe geht es ran.
Die Feuerwehr fängt zu löschen an.

Auch wenn ein Baum droht umzukippen,
kannst du die eins eins zwei eintippen.

Die Feuerwehr kommt mit der Säge
und sorgt sofort für freie Wege.

Sie ist dein Helfer in der Not
und bringt so manches gleich ins Lot!

© A.S. 07.01.2021

Freundschaft

Egal wie weit du wohnst von hier,
ich schätze deine Freundschaft zu mir.

Per Computer und auch per Telefon
erhalten wir unsere Freundschaft schon.

Wir tauschen uns über so manches aus
und sprechen uns so richtig aus.

Hast ein Problem du, rufst du mich an.
Wir arbeiten dann gemeinsam daran.

Bin ich mal traurig und verzagt,
spendest du Trost mir – ganz ungefragt.

Unsere Freundschaft etwas Besonderes ist,
weil ein besonderer Mensch du bist.

© A.S. 29.12.2020

Senioren

Egal wie man es dreht und wendet:
Im Alter als Senior man endet.

Dann kommt so manches Weh und Ach.
Die Knochen geben auch mal nach.

Gesundheit ist nicht immer da,
nicht so, wie es in jungen Jahren war.

Doch kann der Mensch trotzdem noch lachen,
sich erfreuen an so manchen Sachen.

Die Enkelkinder ihm Freude bereiten.
Mit dem Partner kann er sich auch mal streiten.

Der Kopf voller Erinnerungen
und Liedern, die er gern gesungen.

Mit Menschen, die er gerne mag,
gestaltet schön sich der Alte den Tag.

Natürlich ist's nicht immer so,
doch hast du Glück, dann bist du froh!

© A.S. 07.01.2021

Stimmungslage

Egal wie die Stimmungslage auch ist,
ich möchte, dass du nicht vergisst:

Das Leben ist trotz allem schön.
Du musste die schönen Seiten nur seh'n!

Wenn irgendwo wird Spaß gemacht
und herzlich wird darüber gelacht,
dann stimme in das Lachen mit ein,
denn fröhlich sein, ja das ist fein!

© A.S. 07.01.2021

Schneefall

Egal wie oft ich aus dem Fenster seh.
Da draußen gibt es keinen Schnee.

Na ja, es kamen ein paar Flocken,
die waren sehr nass, konnten mich nicht locken.

So ein richtiger Schneefall, der wäre schön.
Ich würden dann spazieren gehen.

Doch leider gibt es draußen nur Matsch,
der vom Baum mir in den Nacken klatscht.

Nein, solchen Schneefall will ich nicht,
drum endet hier mein Schneefallgedicht.

© A.S. 07.01.2021

Feuerwerk

Egal wie schön es auch aussieht,
Feuerwerk es bei mir nicht gibt.

Zwar leuchten dann sehr schöne Lichter
und auch so einige Gesichter.
Doch tut mir leid das viele Geld
und auch die Verschmutzung unserer Welt.

In den Himmel fliegt die Rakete hoch.
Der Dreck landet auf der Erde jedoch.

Nebel, der kommt nach dem Licht,
umweltfreundlich ist das nicht.

All das will ich lieber nicht,
drum übe ich Verzicht.

© A.S. 29.12.2020

Ein Mensch-Gedichte

Bei den Ein Mensch-Gedichten gehört es zur
Aufgabe, dass die Gedichte alle mit „Ein Mensch"
anfangen müssen. Auch hier sind verschiedene
Themen vorgegeben, die in den Gedichten aufge-
griffen werden sollen.
Länge und Art sind nicht vorgegeben.

Themen:

1. in der Küche
2. und die Wörter
3. und sein Liebesleben
4. und Weihnachten
5. und sein Hund
6. und sein Gebet
7. und seine grausige Entdeckung
8. und sein Kätzchen / Kater
9. und das Meer
10. und sein Seelenbaum
11. und Oma
12. und sein Schutzengel
13. und seine Gedanken
14. und sein Garten
15. geht in den Keller
16. und die Steine
17. und seine Dankbarkeit
18. und seine Kinder / Enkelkinder
19. ist wütend
20. und seine Träume
21. in Panik
22. unterwegs in Feld und Flur
23. fährt in den Urlaub
24. und die Osterzeit
25. im Tierheim
26. versteckt die Ostereier
27. ist plötzlich arm
28. findet eine Leiche
29. greift nach den Sternen
30. in der Vorweihnachtszeit
31. und seine Sorgen
32. in freudiger Erwartung
33. räumt auf

34. nach dem Einkauf an der Kasse
35. und die Uhrenumstellerei
36. und seine Lieblingslieder

Ein Mensch in der Küche

Ein Mensch, der kochte wirklich gern,
hielt sich für einen Koch mit Stern.

Er schnippelt hier und brutzelt dort.
Was nicht gelingt, das schmeißt er fort.

Die Küche wie ein Schlachtfeld ist,
weil er das Aufräumen vergisst.

Wenn er gekocht das feine Mahl,
getrunken den Schnaps in großer Zahl,
dann geht er schnell noch in sein Bett.
„Aufräumen tust du, sei doch so nett!"

© A.S. Januar 2018

Ein Mensch und die Wörter

Ein Mensch, der spielte gern mit Worten.
Er tat dies an sehr vielen Orten.

Er machte aus ihnen Geschichten
und fing sogleich auch an zu dichten.

Die Worte flogen ihm so zu.
Er machte was daraus im Nu.

Den anderen gefiel sein Stil,
drum schreibt er heute noch sehr viel!

© A.S. Januar 2018

Ein Mensch und sein Liebesleben

Ein Mensch, der war nicht gern allein.
Er wünschte sich ein Leben zu zwei 'n.

Studierte darum auch Annoncen.
Erhoffte sich so neue Chancen.

Die eine, die gefiel ihm sehr.
Von dieser wüsste er gern mehr.

Er setzt sich hin und schreibt ihr schnell,
bittet um ein Treffen – eventuell.

Dann wartet er, die Antwort kommt,
sie treffen und verlieben sich prompt.

© A.S. Januar 2018

Ein Mensch und sein Hund

Ein Mensch, der hatte einen Hund.
Dieser hielt ihn fit und gesund.

Die zwei, die gingen gern spazieren.
Der Mensch auf zwei Beinen, der Hund auf vie-
ren.

Sie wanderten durch Wald und Flur
und freuten sich an der Natur.

Der Hund spielte sehr gerne Ball,
der Mensch nicht in jedem Fall.

Man sah die beiden früh und spät,
weil jeder von ihnen gern nach draußen geht.

So gingen dahin die Jahre
und beide bekamen graue Haare.

© A.S. Januar 2018

Ein Mensch und sein Gebet

Ein Mensch, der zweifelte an Gott.
Das lag nicht nur am Einheitstrott.

Er haderte mit ihm oft laut,
das hätt' ihm keiner zugetraut.

Gott hörte ihn und hörte auch zu.
Überlegte sich eine Lösung im Nu.

Der Mensch bekam ein Zeichen dann
und fing sogleich zu beten an.

Jetzt haderte er nicht mehr mit Gott
und aus ist's mit dem alten Trott.

© A.S. Januar 2018

Ein Mensch und seine grausige Entdeckung

Ein Mensch, der kriegte einen Schreck.
Woher kam dieser Riesenfleck?

Der sah nach Blut aus, er war rot.
War hier vielleicht schon jemand tot?

Er suchte gleich die Gegend ab,
hoffte, dass er nicht machte schlapp.

Hinter dem Tresen fand er dann
etwas und fing zu schreien an.

Hier lag die Liese! War sie tot?
Nein, es war Farbe, so richtig rot!

© A.S. Januar 2018

Ein Mensch und sein Kätzchen

Ein Mensch, der wollte so gern `ne Katze.
Am liebsten mit `ner weißen Tatze.

Er suchte gleich das Tierheim auf,
da gab es Katzen, gleich zu Hauf.

Der Mensch betrachtete die Tiere,
besonders die Tatzen, alle Viere.

Als er schon dachte, er hätte Pech,
kam an ein Kätzchen von hinten ganz frech.

Der Mensch sah an das Katzentier
und sagte dann: „Die gehört zu mir!"

Er nahm die Katze mit nach Haus.
Jetzt geht sie da so ein und aus.

© A.S. Januar 2018

Ein Mensch und das Meer

Ein Mensch, der fuhr so gern ans Meer.
Da fiel das Atmen ihm nicht schwer.

Er wanderte am Strand entlang,
verspürte dabei tiefen Dank.

Am Meer, da fühlte er sich wohl.
Das Leben war dort wundervoll.

Gern wäre er für immer dort,
doch lebt er an `nem anderen Ort.

Doch so oft es geht im Leben
sieht man ihn zur Küste streben!

© A.S. Januar 2018

Ein Mensch und sein Seelenbaum

Ein Mensch, der ging gern in den Wald.
Fand seinen Lieblingsplatz dort bald.

Setzte sich unter den Eichenbaum
Und träumte dort so manchen Traum.

Der Baum, der hörte ihm stets zu.
Geduldig und so ganz in Ruh.

Der Mensch verbrachte hier viel Zeit.
Das Herz, es wurde ihm ganz weit.

Der Baum spendete Trost und Glück.
Bekam vom Menschen vieles zurück.

Auch im Alter blieb es so,
sah er den Baum, wurde der Mensch froh.

© A.S. Januar 2018

Ein Mensch und Oma

Ein Mensch liebt seine Oma sehr.
Das fällt ihm überhaupt nicht schwer.

Oma ist immer für ihn da.
Sie spielt mit ihm. Er ruft: „Hurra!"

Auch Singen mögen beide gern,
von Sonne, Mond und auch vom Stern.

Geschichten kennt die Oma viele,
genauso wie auch Fingerspiele.

Die zwei sie lachen gern und viel
und spielen noch ein weiteres Spiel!

© A.S. Januar 2018

Ein Mensch und sein Schutzengel

Ein Mensch, der ging mal in den Wald.
Leider fand er zurück nicht – bald.

Er setzte sich auf einen Baum,
da schien es ihm wie ein Traum.

Ein Wesen stand auf einmal dort.
Wie's schien von einem anderen Ort.

Es reichte ihm die Hand geschwind.
Er fühlte sich fast wie ein Kind.

Das Wesen brachte ihn zurück,
fassen konnte er kaum sein Glück.

Er wusste, dass musste ein Engel sein.
Vielleicht sein Schutzengel allein?

© A.S. Januar 2018

Ein Mensch und seine Gedanken

Ein Mensch, der stand in seinem Garten.
In der Hand hielt er den Spaten.

Er blickte sich ganz gründlich um.
Es ist doch wirklich gar nicht dumm.

Zu überlegen, was ist wichtig,
damit später alles wächst richtig.

Er dachte lange drüber nach
und handelte dann mit Gemach.

Gedanken können nützlich sein,
besonders, wenn der Garten klein.

© A.S. Januar 2018

Ein Mensch und sein Garten

Ein Mensch geht gern in seinen Garten.
Greift hin und wieder auch zum Spaten.

Er legt die Samen in die Erde,
hofft, dass etwas daraus werde.

Tulpen, Krokusse, Narzissen
möchte im Frühling er nicht missen.

Auch Kartoffeln pflanzt er an.
Erntet diese für den Winter dann.

Wenn die Rosen üppig blühen
und auch ihren Duft versprühen,
fühlt er sich so richtig wohl.
Garten ist so wundervoll!

© A.S. Januar 2018

Ein Mensch geht in den Keller

Ein Mensch, der suchte einen Teller
Und fand zum Glück ihn dann im Keller.

Froh nahm er ihn mit in die Küche,
wo ihn erwartete leckere Gerüche.

Der Teller wurd' schnell abgewischt,
danach die Suppe aufgetischt.

Der Mensch genoss das Suppenmahl
Vom Teller von anno dazumal.

© A.S. Januar 2018

Ein Mensch und die Steine

Ein Mensch, der liebte Steine sehr.
Drum fuhr er auch so gern ans Meer.

Er sammelte die Steine ein.
Egal, ob groß oder auch klein.

Die Steine nahm er mit nach Haus
und baute sich was Schönes draus.

Und immer, wenn er sie betracht',
er an den Urlaub hat gedacht.

© A.S. Januar 2018

Ein Mensch und seine Dankbarkeit

Ein Mensch, der lehnte sich zurück.
War voller Dankbarkeit und Glück.

Er dachte an die Freunde gern.
Manche nah und manche fern.

Doch ganz egal, wie weit entfernt sie,
vergaßen sie den Freund nie.

Oft rief ihn einer von ihnen an,
sie plauderte recht lange dann.

So ging Jahr für Jahr ins Land,
die Freundschaften hatten stets bestand.

Dafür wird er immer dankbar sein,
denn Freundschaft macht die Welt so fein.

© A.S. Januar 2018

Ein Mensch und seine Enkelkinder

Ein Mensch so gern ihm Lehnstuhl saß,
dabei den Enkel Geschichten vorlas.

Er spielte gern mit ihnen mit.
Mau-Mau spielten sie stets zu dritt.

Der Mensch, der kannte viele Geschichten
Und ging auch manchmal anzudichten.

Die Kinder hörten gerne zu,
lauschten wie gebannt im Nu.

Wenn Oma dann mal müde war,
kuschelte die ganze Schar.

© A.S. Januar 2018

Ein Mensch ist wütend

Ein Mensch, der tobte und schrie.
So wütend war er vorher nie.

Wie konnte sowas denn nur sein?
Die anderen waren so gemein!

Sie ließen ihm nie eine Chance,
auch wenn er forderte Revanche.

Sie lachten nur und freuten sich.
Der Mensch fand das ganz fürchterlich.

Nein, solche Freunde brauch ich nicht!
Jetzt denke ich einmal an mich!

© A.S. Januar 2018

Ein Mensch und seine Träume

Ein Mensch, der saß in einem Raum
und hatte dabei einen Traum.

Er wollte ganz bald wandern gehen,
um fremde Länder anzusehen.

Er wollte reisen um die Welt
und dass für möglichst wenig Geld.

Der Mensch, der träumte sich schon fort,
war bald am weit entfernten Ort.

Als aus dem Traum er aufgewacht,
sofort ans Planen er sich macht.

Bald schon geht die Reise los
und ist nicht länger ein Traum bloß!

© A.S. März 2018

Ein Mensch in Panik

Ein Mensch sitzt zitternd in 'nem Schloss
und fragt sich: „Ach, was war das bloß?"

Gehört hat er, es soll hier spucken.
Die Aussage tat ihn nicht jucken.

Ein Feigling, nein, das ist er nicht.
Er lacht den Geistern ins Gesicht.

Doch dieser Mut ist nicht von Dauer.
In der Nacht schüttelt ihn ein Schauer.

Ängstlich knipst er die Lampe an.
Bei Licht schläft er ein sodann.

Am nächsten Morgen grinst er breit.
Keine Panik mehr da weit und breit.

© A.S. März 2018

Ein Mensch unterwegs in Feld und Flur

Ein Mensch, der wandert durch den Wald
und kommt an einen Bach schon bald.

Dort findet er auch eine Bank
und setzt sich nieder voller Dank.

Er blickt aufs Wasser und denkt sich:
„Hier ist es wunderbar friedlich."

Und während er so sitzt und schaut,
hat sich ein Reh herangetraut.

Der Mensch ist leise und ganz still,
weil er es nicht erschrecken will.

Das Reh trinkt Wasser aus dem Bach,
springt fort, der Mensch sieht ihm noch nach.

Dann steht auch er auf und geht fort
Von diesem ganz besonderen Ort.

© A.S. März 2018

Ein Mensch fährt in den Urlaub

Ein Mensch möchte in Urlaub fahr'n.
Doch vorher macht er einen Plan.

Wohin soll nur die Reise gehen?
Vorm Reisebüro da bleibt er stehen!

Da gibt es Bilder bunt und viel.
Findet er hier vielleicht sein Ziel.

Er sieht sich alles genau an,
vergleicht und folgert sodann:
„Günstige Reisen sind ein Traum,
und einige Ziele kenn ich kaum."

Der Mensch beschließt noch abzuwarten.
Vielleicht macht er Urlaub im Garten?

© A.S. März 2018

Ein Mensch und die Osterzeit

Ein Mensch erwartet die Osterzeit
und macht zum Schmücken sich bereit.

Er holt die bunten Eier raus,
verteilt sie sogleich in Garten und Haus.

Auch Hasen dürfen da nicht fehlen.
Die Hennen ihnen fast die Show stehlen.

Bald ist die Deko aufgestellt.
`Ne richtig kleine Osterwelt.

Der Mensch lehnt sich entspannt zurück,
genießt das Osterhasenglück.

© A.S. März 2018

Ein Mensch im Tierheim

Ein Mensch, der wollte gern ein Tier
Drum ging er in das Tierheim hier.

Ein Hund sollte es gerne sein.
Wobei ein Husky wäre fein.

Wenn der noch blaue Augen hätt`,
dass fände der Mensch besonders nett.

Er schaut sich alle Hunde an
und entscheidet sich sodann.

´nen Husky gab es wirklich hier
und blaue Augen hat das Tier!

Mensch und Hund strahlen vor Glück,
kehren ins Tierheim nicht mehr zurück!

© A.S. Juli 2018

Ein Mensch ist plötzlich arm

Ein Mensch, der kann es gar nicht glauben.
Wollen die ihm wirklich alles rauben?

Hat gearbeitet sein Leben lang.
Jetzt wird ihm plötzlich richtig bang.

Die Rente, die ist ach so klein.
Wie soll man damit glücklich sein?

Miete und Essen braucht es schon.
Wie soll das gehen ohne Lohn?

Ein Nebenjob, der muss jetzt her.
Fällt's arbeiten auch noch so schwer.

Als Hausmeister, da will er ran.
Das schafft wohl auch er alter Mann.

Im Alter oft die Armut droht,
die alte Menschen bringt in Not.

© A.S. März 2019

Ein Mensch findet eine Leiche

Ein Mensch, der tritt in seinen Flur.
Was herrscht hier für ein Chaos nur?

Schuhe vollkommen durcheinander.
Kein Paar ist mehr beieinander.

Auch Jacken liegen auf dem Boden.
Sogar der Mantel, der aus Loden.

Der Mensch geht vorsichtig nun weiter.
Was er hier sieht, stimmt ihn nicht heiter.

Am Boden sitzt seine Frau Luise
und deutet matt hin zur Markise.

Starr ist ihr Blick dorthin gerichtet.
Nun sieht er, was sie angerichtet.

`ne Maus hängt dort an der Markise,
doch mausetot ist leider diese.

© A.S. März 2019

Ein Mensch greift nach den Sternen

Ein Mensch, der liegt so lange wach.
Er denkt schon lang darüber nach,
wie es wohl wäre auf `nem Stern,
ja das, das wüsst' er wirklich gern.

Er schaut zum Himmel in der Nacht,
hat so oft schon daran gedacht.

So gerne reist er in die Ferne,
warum nicht auch mal zwischen Sterne?

Wie mag es wohl dort oben sein?
Beim Anblick fühlt er sich ganz klein.

Erfüllen kann sich nicht sein Traum,
drum geht zurück er in den Raum.

Ins Bett legt er sich hin sodann,
schläft ein und fängt zu träumen an.

© A.S. 01.03.2020

Ein Mensch in der Vorweihnachtszeit

Ein Mensch, der kann es kaum erwarten,
in die Weihnachtszeit zu starten.

Er holt die Deko aus dem Keller
und wird dann tätig als „Aufsteller".

Schnell ist die Wohnung dann geschmückt.
Der Mensch ist vom Ergebnis gleich entzückt.

Kerzen verbreiten warmen Schein.
Weihnachtstee kommt in die Tasse rein.

Gemütlich lehnt der Mensch sich zurück
und genießt sein vorweihnachtliches Glück.

© A.S. März 2019

Ein Mensch und seine Sorgen

Ein Mensch schaut traurig in die Welt.
Es fehlt die Arbeit, fehlt das Geld.

Gesundheit, die läuft auch nicht rund.
Weder bei ihm noch bei seinem Hund.

Er fragt sich, was soll nur geschehen.
So kann es doch nicht weitergehen.

Dann greift er schnell zum Telefon.
Er hofft auf Hilfe durch den Sohn.

Der hört ihm zu und macht ihm Mut.
„Papa, alles wird wieder gut.

Ich komme jetzt und helfe dir.
Wir machen das, das glaube mir."

Der Vater sehr erleichtert ist,
weil er nicht mehr alleine ist.

© A.S. 09.11.2020

Ein Mensch in freudiger Erwartung

Ein Mensch, der kann es kaum erwarten,
in die Weihnachtszeit zu starten.

Er holt die Weihnachtstassen raus,
isst einen Schoko-Nikolaus.

Auch Weihnachtslieder singt er schon.
Kriegt wirklich nie genug davon.

Plätzchen backen will er auch,
das ist bei ihm schon lange Brauch.

Kerzen spenden ihm jetzt Licht.
Nein, fehlen dürfen diese nicht.

So geht es durch die Weihnachtszeit.
In freudiger Erwartung, auf das es so bleibt.

© A.S. 10.11.2020

Ein Mensch räumt auf

Ein Mensch, der steht vor dem Regal.
Viele Bücher stehen dort zur Wahl.

Gesammelt wurden sie in vielen Jahren.
Wie soll er nun mit ihnen verfahren?

Einige der Bücher sind schon sehr alt.
Doch manche Themen lassen ihn kalt.

Alle behalten, das kann er nicht.
Drum gehört sortieren nun zu seiner Pflicht.

Buch um Buch nimmt er zur Hand,
einige werden zum Altpapier verbannt.

Doch auch Schätze sind dabei.
Er macht Stapel: eins, zwei, drei!

Am Ende des Tages ist er soweit.
Bis zum nächsten Aufräumen hat er jetzt wieder
Zeit.

© A.S. 10.11.2020

Ein Mensch nach dem Einkauf an der Kasse

Ein Mensch, der will noch schnell einkaufen.
Du siehst ihn durch die Gänge laufen.

Der Einkaufswagen schnell gefüllt.
Endlich alle Wünsche erfüllt.

Nun zieht's ihn zu der Kasse hin.
Bezahlen ist jetzt in seinem Sinn.

Doch leider ist das nicht so leicht.
Das Ende der Schlange er erreicht.
So viele Menschen vor ihm stehen.
Müssen die alle jetzt einkaufen gehen?

Er wartet voller Ungeduld,
gibt allen anderen die Schuld.

Beim nächsten Einkauf, das hofft er jetzt,
sind möglichst viele Kassen besetzt!

© A.S. März 2019

Ein Mensch und die Uhrenumstellerei

Ein Mensch, der kann es gar nicht fassen.
Können wir den Quatsch nicht lassen?

Zweimal im Jahr muss es geschehen,
alle müssen an den Uhren drehen.

Einmal geht's vor, einmal zurück.
Machst du es richtig, hast du Glück!

Manch einer plötzlich kommt zu spät,
weil seine Uhr nicht richtig geht.

Hast du die Uhr nicht zurückgestellt,
kommst du dir vor, wie zu früh bestellt.

Jetzt soll das Umstellen abgeschafft werden,
ob es dann friedlicher wird auf Erden?

© A.S. März 2019

Ein Mensch und seine Lieblingslieder

Ein Mensch, der trällert vor sich hin.
Hat viele Lieder heut' im Sinn.

Er singt fröhlich und auch heiter,
singt „lalala" weiß er nicht weiter.

Seine Augen leuchten auf,
er dreht schnell am Radioknauf,
wenn sein Lieblingslied erklingt,
welches sein Lieblingskünstler singt.

Musik, die macht das Leben bunter,
denn sie macht Müde auch mal munter.

Drum merke dir, das ist doch klar:
Musik ist einfach wunderbar!

© A.S. März 2019

Tierische Gedichte

Bei den Tierischen Gedichten dreht sich alles um Tiere, Insekten und Spinnentiere.
Länge und Art der Gedichte sind auch hier nicht vorgegeben.

Themen:

1. Elefant
2. Adler
3. Frosch
4. Papagei
5. Ratte
6. Wal
7. Wolf
8. Pferd
9. (Eis)Bär
10. Kamel
11. Krokodil
12. Kuh
13. Spinne
14. Hai
15. Eule
16. Gorilla
17. Bienen oder Wespen
18. Dinosaurier
19. Fledermaus
20. Feuersalamander
21. Ameisen
22. Zecken
23. Fuchs / Füchse
24. Hasen
25. Pinguine
26. Faultiere
27. Schildkröten
28. Ameisenbären

Im Zoo

Willst du mal Elefanten sehn,
dann musst du in den Tierpark gehen.

Dort sind die Dickhäuter beliebt,
weil es hautnah sie zu sehen gibt.

Sogar füttern kannst du sie.
Doch ärgern, bitte nein, das nie!

Sieh dir die stolzen Tiere an
und stelle dir gleich vor sodann,
wie sie in Afrika wohl leben
und bringen dort die Steppe zum Beben.

© A.S. Januar 2018

Adlerleben

Adler gleiten auf dem Wind,
stürzen zur Beute dann geschwind.

Breiten ihre Schwingen aus,
sehen selbst die kleinste Maus.

Fliegen wieder in ihr Nest:
Seht her, Kinder und nun fresst!

Adlerküken strecken sich.
Hat Mama denn auch was für mich?

Alle brauchen was zu Fressen.
Pause können die Eltern vergessen.

Adlerkinder werden groß,
Eltern finden das famos.

Brauchen jetzt nicht mehr zu hetzen,
können sich auch manchmal setzen.

Jetzt fliegt auch die Kinderschar.
Ruhe ist bis nächstes Jahr!

© A.S. Januar 2018

Fritz, der Frosch

Fritz, der Frosch, der quakte viel!
Quakte, wenn's ihm nicht gefiel!

Quakte hier und quakte dort,
kam der Storch und trug ihn fort!

© A.S. Januar 2018

Papageien

Papageien, bunt und schön,
kannst du in den Bäumen sehn.

Fliegen elegant herum
und sind wirklich gar nicht dumm.

Leben in `nem großen Schwarm.
Lieben die Umgebung warm.

Schnäbel groß und auch gebogen,
das ist wirklich nicht gelogen.

Willst du sie von Nahem sehen,
musst in den Vogelpark du gehen.

© A.S. Januar 2018

Hans, die Ratte

Hans, die Ratte, musste laufen
und auch sehr viel Wasser saufen.

Schwamm geschwind auch durch den Bach,
machte dabei manchen Krach.

Wollt ans andere Ufer schwimmen
und die Böschung dort erklimmen.

Freute sich schon sehr darauf,
da nahm das Schicksal seinen Lauf.

Die Strömung riss die Ratte fort
und trug sie zu 'nem fremden Ort.

Doch fand sie bald sich hier zurecht,
das Leben war hier gar nicht schlecht.

Sie fand ein zweites Rattentier
und lebt jetzt mit Familie hier.

© A.S. Januar 2018

Wale

Majestätisch, groß und schön,
so sind Wale anzusehen.

Tauchen tief ins Wasser ein.
Auch die Babys sind nicht klein.

Siehst du ihre Flunke blitzen,
wird sogleich das Wasser spritzen.

Wale sind so sanfte Riesen,
haben das schon oft bewiesen.

Mensch, gib doch das Jagen auf,
bevor das Schicksal nimmt seinen Lauf.

Wale sterben sonst bald aus,
das wäre in wahrer Graus!

© A.S. Januar 2018

Wolf

Wölfe heulen plötzlich los.
Was erregte sie so bloß?

Gerade waren sie noch still,
jeder machte, was er will.

Einer fing ganz plötzlich an.
Heulen steigerte sich sodann!

Waren alle aufgeregt,
doch bald hat sich das gelegt.

© A.S. Januar 2018

Pferd

Pferde stolze Tiere sind.
Sie gefallen manchem Kind.

Haben warme, weiche Nüstern.
Hören es auch, wenn wir flüstern.

Gehen mit dir auf manchem Weg.
Nicht so gern über den Holzsteg.

Schenken sie Vertrauen dir,
sind sie treu, das glaube mir.

Pferde sind so stolz und groß.
Mit ihnen ist immer etwas los.

© A.S. Januar 2018

Eisbär

Sieh, der Eisbär liegt entspannt
hinter einer gläsernen Wand.

Kopf ruht auf der großen Tatze.
Mensch, mach doch nicht solche Fratze.

Ob er sich wohl hier fühlt?
Im Gehege, das gekühlt?

Jedenfalls hält er ein Schläfchen.
Zählt er vorher wohl auch Schäfchen?

Mir gefällt der große Bär,
komme gerne wieder her.

© A.S. Januar 2018

Kamel

Kamele, das ist doch bekannt,
laufen durch den Wüstensand.

Tragen dabei manche Last
und machen auch mal Rast.

Gibt auch ab und zu ein Rennen.
Du kannst es am Geschrei erkennen.

Menschen feuern Tiere an,
schließen Wetten ab sodann.

Wenn das erste Kamel ist im Ziel
gewinnst du wenig oder viel.

Doch auch ruhig dahin sie schreiten,
durch die Wüsten, auch die weiten.

© A.S. Januar 2018

Krokodil

So ein Krokodil,
das gibt's nicht nur im Nil.

Sie leben in Flüssen und im Meer,
einige wechseln hin und her.

Liegen am Ufer mit offenem Maul,
sehen dabei aus sehr faul.

Doch gib besser auf dich acht,
schau genau, was es so macht.

Schnell schießt es sonst auf dich zu
und reißt dich ins Wasser im Nu.

Manchen dieses Schicksal ereilt,
der zu nah am Wasser weilt.

© A.S. Januar 2018

Kuh

Schöne Augen hat die Kuh.
Ab und zu macht sie mal Muh.

Liegt im grünen Gras nicht dumm
und kaut auf diesem mehrfach rum.

Manche Kuh lässt sich auch reiten,
da brauchen wir gar nicht streiten.

Wenn die Kuh besonders schön,
kannst du sie als Model sehn.

Kühe sind meist sanft, mal wild
und zieren so manches Bild.

© A.S. Januar 2018

Spinnen

Spinnen haben ja acht Beine.
Es gibt große und auch kleine.

Manche sind behaart, nicht glatt,
findest sie auch oft im Bad.

Kunstvoll sehn die Netze aus,
Gefangene kommen da nicht raus.

Die Spinne kommt, wickelt sie ein.
Das wird ihr Mahl für später sein.

Im Herbst da zieht es sie ins Haus,
doch oft fliegen sie dort wieder raus.

Der Mensch die Spinne dort nicht will,
auch wenn sie ist doch wirklich still.

So muss sie sehn wie's weitergeht
und ob zurück ins Haus sie strebt.

© A.S. Januar 2018

Hai

Ich kannte mal `nen Hai.
Sein Name, der war Kai.

Der schwamm im Becken hin und her
und langweilte sich sehr.

Für ihn gab es nicht viel zu tun.
Nur Schwimmen oder auszuruhen.

Gern wäre er hinausgeschwommen,
ins Meer ganz unbenommen.

Doch war das Becken nur ganz klein,
es passten kaum mehr Fische rein.

Kai schwamm also weiter hin und her,
die Langweile wurde immer mehr.

© A.S. Januar 2018

Eule

Lautlos gleitet sie dahin.
Mäusejagd hat sie im Sinn.

Im Dunkeln kann sie sehr gut sehen,
da haben die Mäuse das Nachsehen.

Schnell packt sie zu und schluckt dann munter,
die Maus im Ganzen schnell herunter

© A.S. Juli 2018

Gorilla

Gorillas tolle Tiere sind!
Sie leben mit Vater, Mutter, Kind.

Der Silberrücken das Leittier ist,
mit ihm nicht zu spaßen ist.

Seine Familie er stets bewacht
und das bei Tag und auch bei Nacht!

Doch böse Menschen kommen mit Waffen.
Die abzuwehren kann er nicht schaffen.

So starb so manches stolze Tier,
nur wegen des Menschen Gier.

© A.S. Juli 2018

Wespen

Äpfel hängen an dem Baum –
voller Wespen – man glaubt es kaum

Sowie ein Loch den Apfel ziert,
die Wespe sich nicht lang geniert.

Sie knabbert fleißig sich hinein.
Fass bloß beim Pflücken nicht hinein.

Sieh lieber erst genauer hin,
ob keine Wespe ist mehr drin.

´nen Wespenstich, den braucht man nicht.
Schon gar nicht mitten im Gesicht.

© A.S. Juli 2018

Dinosaurier

Die Dinosaurier groß und klein
lebten auf der Erde, oh wie fein!

Es gab Pflanzen- und Fleischfresser.
Welcher gefiele dir wohl besser?

Sie flogen, liefen und schwammen umher.
Das alles fiel ihnen gar nicht schwer.

Doch irgendwann verschwanden sie.
Lebend gesehen wurden sie vom Menschen nie.

Nur Knochen finden sich noch heute.
Die begeistern sehr viele Leute.

© A.S. Juli 2018

Fledermaus

Die Fledermaus kopfüber hängt.
Ob sie sich etwas dabei denkt?

Tagsüber, ja, da schläft sie viel.
Die Jagd ist in der Nacht ihr Ziel.

Mit Schallwellen findet sie den Weg.
Umfliegt geschickt so Baum und Steg.

Jagt fleißig auch bei Mondenschein.
Du kannst sie sehen im Lampenschein.

Am Morgen, wenn sie schlafen geht,
die Welt sie auf den Kopf sich dreht.

© A.S. Juli 2018

Feuersalamander

Schwarz und gelb gefärbt der Salamander.
Die Paare finden gut zueinander.

Bei Nacht kann man ihn oftmals sehen
oder beim durch den Regen gehen.

Er lebt in Wäldern mit viel Buchen.
Doch musst du ihn auch dort oft suchen.

Am Tag, da hält er sich versteckt,
damit der Mensch ihn nicht entdeckt.

Gut sehen können seine Augen,
die in der Dunkelheit viel taugen.

Zu klein wird manchmal seine Haut,
drum er sich sie zu wechseln traut.

Am Muster kannst du ihn erkennen,
weil alle ein anderes ihr Eigen nennen.

Salamander faszinierend sind
und das nicht nur für jedes Kind.

© A.S. Juli 2018

Ameisen

Ameisen, ja die könnt ihr hier sehen,
wie sie auf der Ameisenstraße spazieren gehen.

Sie schleppen dabei so manches Gewicht,
kümmern sich um die Größe der Beute nicht.

Die Königin wird gut betreut,
dafür hat sie ihre Gefolgsleut'.

Einmal im Jahr fliegen die Männchen aus,
sorgen mit Weibchen für ein neues Haus.

Manche Art auch Läuse melkt,
ohne dass es gibt dafür Geld.

Gibt sie seit Millionen von Jahren.
Im Internet kannst du viel über sie erfahren.

© A.S. März 2019

Zecken

Zecken sind eine echte Plage.
Stimmst du mir zu, wenn ich das sage?

Sie sitzen auf Gras, Büschen und Hecken.
Dort können sie sich gut verstecken.

Kommt dann ein Mensch oder Tier vorbei –
was dann passiert? Oh wei, oh wei!

Die Biester wollen an dein Blut.
Das brauchen sie für ihre Brut.

Zecken können krank dich machen,
sie übertragen schlimme Sachen.

Drum warst du draußen im Wald oder Garten,
dann darfst du gar nicht lange warten.
Such deinen Körper gründlich ab
und bring die Zecke in ihr Grab!

© A.S. März 2019

Fuchs - Füchse

Der Fuchs, der wohnt in seinem Bau.
Gilt allgemein als ziemlich schlau.

Sein Fell ist unten weiß und oben rot.
Jagt er die Maus, macht er sie tot.

Er lebt in Wald und Flur,
doch nicht dort nur.

Es gibt auch Füchse in der Stadt.
Dort werden sie ganz sicher satt.

Im Winter gibt's ein dickes Fell,
damit der Fuchs friert nicht so schnell.

Einmal im Jahr werden Welpen geboren.
Füchse haben schwarze Spitzen an den Ohren.

© A.S. März 2019

Hasen

Hase sitzt im grünen Gras,
wackelt fleißig mit der Nas'!

Flitzt oft über Feld und Wiesen,
vermehrt sich schnell – ist das bewiesen?

Hasenkind ist oft allein,
muss dann vorsichtig stets sein.

In der Paarungszeit kannst du sehen,
wie Hase und Häsin miteinander umgehen.

Jagen sich über das Feld,
ohne zu kriegen dafür Geld.

Können ganz schnell Haken schlagen.
Entkommen so Feinden, die sie jagen.

© A.S. März 2019

Pinguine

Pinguine kennt jedes Kind.
Watscheln übers Eis geschwind.

Einen schwarzen Frack haben sie an,
daran man sie erkennen kann.

Männchen kümmern sich ums Ei,
Weibchen ist dann nicht dabei.

Fliegen tut er nur im Wasser
und wird dabei gar nicht nasser.

Federkleid schützt ihn vor Kälte,
was als wichtig für ihn gelte.

Putzig sind sie anzusehen
wenn in Grüppchen sie dastehen.

Einige Leben auf Felsen auch,
klettern angestrengt hinauf.

© A.S. März 2019

Faultier

Das Faultier hängt im Baum herum
und findet das auch gar nicht dumm.

Am Boden ist es sehr gefährlich.
Bewegen dort ist sehr beschwerlich.

Auch Schlafen tut ein Faultier viel.
Das Leben ist ja auch kein Spiel.

In Mittel- und Südamerika
da lebt das Faultier Jahr um Jahr.

© A.S. 11.11.2020

Schildkröten

Schildkröten gibt es viele auf der Welt.
Doch nicht um alle ist es gut bestellt.

Gefährdet sind sehr viele Arten.
Mit ihrem Schutz dürfen wir nicht warten.

In vielen Ländern es Schildkröten gibt.
Auch als Haustiere sind sie beliebt.

Sie leben auf dem Land oder im Meer.
So manche Schildkröte ist ziemlich schwer.

Am Strand die Meeresschildkröte ihre Eier legt,
der Nachwuchs dann in Gefahr auch schwebt.

Hoffen wir, dass der Mensch sich auf ihren
Schutz besinnt,
damit die Erholung ihres Bestandes gelingt.

© A.S. 11.11.2020

Ameisenbären

Ameisenbären und Faultiere sind verwandt.
Das haben die Forscher längst erkannt.

Doch während das Faultier du im Baum kannst
entdecken,
legt der Ameisenbär am Boden zurück manche
Strecken.

Er lebt in Mittel- und Südamerika
und ist aktiv das ganze Jahr.

Insekten sind sein Leibgericht,
dafür ist gemacht sein Gesicht.

Ameisenbären leben schon lange auf dieser Welt.
Ihnen ihr Lebensraum gut gefällt.

Gefährdet ist der Große Ameisenbär.
Er hat es im Leben ziemlich schwer.

© A.S. 11.11.2020

Unsere Erde Gedichte

Bei den Unsere Erde Gedichten dreht sich alles um die Natur.
Die Themen sind, wie immer, vorgegeben. Der Rest ist frei vom Autoren zu gestalten.

Themen:
1. Ozean
2. Wald
3. Berg
4. Gletscher
5. Moor
6. Höhlen
7. Serengeti
8. Wüste
9. Wildnis
10. Gezeiten Ebbe / Flut
11. Die Eiszeit
12. Stromschnellen
13. Eisberge
14. Misch- und Laubwälder
15. Nordlichter in Norwegen

Monsterwellen

Ozeane, weit und wild,
prägen heut so manches Bild.

Kannst die Wellenreiter sehen,
wie sie auf den Brettern stehen.

Auch Schiffe sieht man, Groß und Klein,
sie werden auf der Reise sein.

Doch rollt `ne Monsterwelle ran,
besteht Gefahr für Schiff und Mann.

Meterhoch türmt diese sich auf,
das Schicksal nimmt dann seinen Lauf.

Mit ihrer großen, wilden Macht
die Welle manch Seemann ins Grab gebracht.

© A.S. Februar 2018

Im Wald

Im Wald, da gibt es viel zu sehen,
musst nur mit offenen Augen gehen!

Die Bäume groß und mächtig sind.
Bei ihrem Anblick staunt das Kind.

Auch gibt es hier so manches Tier.
Wenn du's nicht siehst, so glaube mir.

Eichhörnchen springt von Ast zu Ast.
Macht dabei auch mal eine Rast.

Der Buntspecht hämmert an den Baum.
Für ihn ist totes Holz ein Traum.

Auch Rehe kannst du manchmal sehen,
wie sie unter den Bäumen stehen.

Du siehst, der Wald ist wunderbar
und hoffentlich noch lange da!

© A.S. Januar 2018

Berge

Wolken hüllen Berge ein.
Für ein Foto ist das fein.

Hole schnell den Apparat,
hab ihn stets für alles parat.

Oben schaut der Gipfel raus,
uih, wie fein sieht das denn aus?

Mache schnell ein Foto noch,
denn die Wolken steigen hoch.

© A.S. 2017

Gletscher

Wenn ich die Gletscher schmelzen seh,
dann tut sofort das Herz mir weh.

So lange gibt es sie auf Erden,
doch das soll jetzt wohl anders werden.

Der Klimawandel macht sie klein,
sowas darf doch wirklich nicht sein!

Und du, Mensch, du bist schuld daran.
Denkst du da vielleicht auch mal dran.

Geh sorgsam um mit dieser Welt,
damit du sie noch lang erhältst.

Du brauchst die Umwelt zum Überleben,
drum solltest nach Erhaltung du streben.

Damit auch spätere Generationen
noch Gletscher sehen, die sich lohnen.

© A.S. Juli 2018

Moor

Ein Moor ist wirklich wunderschön.
Doch Vorsicht beim Spazierengehen.

Bleib immer auf den Wegen drauf,
sonst nimmt das Schicksal seinen Lauf.

Im Moor, da kannst du sonst versinken.
Im schlammigen Wasser auch ertrinken.

Drum geb stets acht!
Vor allem bei Nacht!

Dann kommen die Irrlichter hervor,
die locken dich hinein ins Moor.

Den Weg, den findest du nicht mehr,
rennst du den Lichtern hinterher!

© A.S. Juli 2018

Höhlen

In Höhlen kannst du viel entdecken.
Dich auch einmal darin verstecken.

Von Bären werden sie genutzt,
doch leider wirklich nie geputzt.

Kristalle bilden sich in ihnen.
In manchen findest du auch Schienen.

So mache ist vom Mensch gemacht,
der an die Bodenschätze gedacht.

Doch einige natürlich sind.
Sie können gefährlich werden, mein Kind!

Drum sei in Höhlen auf der Hut.
Hier nützt dir auch kein Heldenmut.

Wenn du gefangen bist darin,
steht nur nach Rettung dir der Sinn.

© A.S. Juli 2018

Serengeti

In der Serengeti wilde Tiere leben,
die stets dort nach Nahrung streben.

Die Serengeti in Afrika liegt,
in ihr es einen Nationalpark gibt.

Zebras und Antilopen leben dort viele,
die sind für Raubkatzen Jagdziele.

Einst gab es Rudel von Wildhunden,
doch sind diese leider verschwunden.

Hyänen und Schakale jedoch,
finden sich in der Serengeti noch.

Auch Leoparden gibt es hier,
der Gepard ist ein weiteres Tier.

Auch ganz verschiedene, kleine Katzen,
die schleichen hier auf leisen Tatzen.

Ganz groß sind sicher die Giraffen.
Ach ja, und es gibt auch noch Affen.

Noch viele Tiere könnt ich nennen,
doch wirst du sie nicht alle kennen.

Drum sei hier Schluss mit dem Gedicht,
die Serengeti sterbe nicht!

© A.S. Juli 2018

Wüste

Wüsten sind mal heiß, mal kalt
und in ihnen wächst kein Wald.

In den Wüsten an den Polen
kannst du dir Erfrierungen holen.

Doch im heißen Wüstensand
sich so mancher hat verbrannt.

Tagsüber kann es sehr heiß sein,
für nachts pack dicke Decken ein.

In jedem Fall musst du aufpassen.
Dich an die Gegebenheiten anpassen.

Gefährlich ist das Reisen dort,
doch ist es auch ein schöner Ort!

© A.S. Juli 2018

Wildnis

Wildnis ist nicht immer groß!
Das ist ein Irrglauben bloß!

Wildnis kann ganz klein auch sein,
selbst im Garten – ach wie fein!

Wenn nicht nur strenge Ordnung du kennst,
du bald ein Paradies dein Eigen nennst.

Dort fühlen sich Insekten wohl
und auch die Vögel, das ist toll!

Ein Tümpel noch für Frosch und Laich,
kein klinisch reiner Badeteich.

Das Laub lass liegen unter Hecken,
so können Igel sich verstecken.

Wenn du nicht alles ordentlich machst,
über die Unordnung mal lachst,
dann wirst du in dem Garten sehn,
wie eine Wildnis kann entstehen.

© A.S. Juli 2018

Gezeiten Ebbe und Flut

Wenn ich an der Nordsee stehe
und wieder mal kein Wasser sehe,
weiß ich, dass jetzt Ebbe ist,
wo nun mal kein Wasser ist.

Kann im Watt nun wandern gehen,
dabei manche Dinge sehen,
die sonst stets verborgen sind.
Doch sei vorsichtig, mein Kind,
denn die Flut kommt manchmal schnell,
die Gefahr ist sehr reell.

Drum lieber lass durchs Watt dich leiten,
von jemandem, der kennt die Gezeiten.

Dann kommst du rechtzeitig zurück
und das ist doch ein großes Glück.

© A.S. Juli 2018

Die Eiszeit

Die letzte Eiszeit ist lang her.
Sie vorzustellen fällt sehr schwer.

Von Eis bedeckt die Welt einst war,
für Forscher sicher wunderbar.

Was sie an Spuren dort entdecken,
das wollen sie nicht lang verstecken.

Sie präsentieren es der Welt,
doch ihre Forschung kostet Geld.

Sie wollen jedoch gerne sehen,
was auf der Welt damals geschehen.

Wie weit das Eis einst hat gereicht,
herauszufinden ist jetzt leicht.

Methoden wurden hier gefunden,
die das Ergebnis schnell abrunden.

Am Computer können wir sehen,
wie Eiszeiten können entstehen.

© A.S. Juli 2018

Stromschnellen

Stromschnellen sprudeln wild!
Das gibt bestimmt ein tolles Bild!

Mit Booten wollt ihr sie bezwingen.
Hört ihr auch, wie wild sie klingen?

Ausgerüstet mit Helm und Weste
versuchen Kajakfahrer das Beste.

Kämpfen gegen die Strömung an.
Es verliert einer dann und wann.

Wenn die Fahrt hindurch ist vollbracht,
wird erleichtert aufgelacht.

© A.S. Juli 2018

Eisberge

Eisberge sind schön anzusehen,
doch auch mit Vorsicht anzugehen.

`nen Großteil, nein, den siehst du nicht.
Das bringt ein Tauchgang schnell ans Licht.

Was von der Sonne wird getaut,
ist das, was aus dem Wasser schaut.

Wenn man dem Berg zu nahekommt,
ein Loch im Schiff, das hat man prompt.

Der Eisberg langsam weitertreibt,
bis nichts als Wasser übrigbleibt.

© A.S. Juli 2018

Misch- und Laubwälder

Willst im Wald du spazieren gehen,
kannst du dabei vieles sehen!

Bäume gibt es groß und klein
und auch manches Tier – wie fein!

Es gibt Buchen meterhoch
und auch viele Eichen noch.

Bist zur Dämmerzeit du da,
siehst vielleicht ein Reh du gar.

Auch Käfer gibt es viele hier
und so manches Schneckentier.

Im Frühjahr kannst du Bärlauch sehen
auf dem Waldboden dort stehen.

Die Vögel hörst du munter singen
und nah dem Teich die Frösche springen.

Der Wald, er ist ein Paradies.
Drum merke dir vor allem dies:

Geh sorgsam um mit der Natur,
wir haben doch die eine nur!

© A.S. Juli 2018

Nordlichter in Norwegen

Nordlichter sind uns allen bekannt,
werden auch Aurora boreales genannt.

Sie kommen von den Sonnenwinden,
welche auch schnell wieder verschwinden.

Es gibt sie in verschiedenen Farben,
kannst dich an ihrem Anblick laben.

Früher galten sie als Zeichen.
Menschen hofften dann, Unglück möge weichen.

Die Wikinger glaubten, es wären die Walküren,
die mit den Helden gen Walhalla führen.

Noch heute sind wir fasziniert,
wenn das Nordlicht den Himmel ziert.

© A.S. März 2019

Wenn-Gedichte

Auch bei den Wenn-Gedichten gibt es keine Vorgaben zur Länge oder Art des Gedichtes. Allerdings müssen die Gedichte mit dem Wörtchen „Wenn" beginnen und das vorgegebene Thema behandeln.

Themen:
1. Zeit
2. Hitze
3. Freundschaft
4. Wut
5. Wegwerfgesellschaft
6. Damals
7. Familie
8. Vergänglichkeit
9. Geheimnis
10. Jakobsmuscheln
11. Polizei
12. Sexleben
13. Hundehaufen
14. Trüffelschwein
15. Rezeption
16. Katzentretminen
17. Hitzewelle
18. Klimawandel
19. FKK (Freikörperkultur)
20. Bergsee
21. Weihnachtszeit
22. Tannenduft
23. Weihnachtsbäckerei
24. Adventskalender
25. Sternenhimmel

Zeit

Wenn die Zeit ist immer knapp,
alles du erledigst im Trapp,
solltest du recht bald erkennen:
Ist nicht gut, im Hamsterrad zu rennen!

Du musst wieder runterfahren
und auch deine Kräfte sparen.

Kannst nicht immer weiter rennen,
ohne Pausen auch zu kennen.

Kein Mensch hat dafür auf Dauer,
glaub mir das ruhig, die Power.

Nimm dir Zeit auch mal zu träumen.
Das solltest du nicht versäumen.

© A.S. März 2019

Hitze

Wenn der Schweiß dir rinnt in Strömen,
du vor Hitze kannst nur stöhnen.

Abkühlung ist nicht in Sicht.
Ach, du bist ein armer Wicht.

Ventilator nützt nichts mehr.
Alle Arbeit fällt dir schwer.

Holst dir einen Eimer Wasser.
Wetter, das wird immer krasser.

Auch Natur hat ihre Not,
Trockenheit bedeutet Tod.

Endlich dann der Regen fällt,
wertvoller als alles Geld!

© A.S. März 2019

Freundschaft

Wenn ich einmal traurig bin,
kommst gleich du mir in den Sinn.

Zu dir kann ich immer kommen,
werde in den Arm genommen.

Findest immer das rechte Wort,
schickst mich nicht so einfach fort.

Hörst mir stets geduldig zu,
schenkst Hoffnung mir im Nu.

Bist ein wahrer Freund auf Erden.
Das soll niemals anders werden!

© A.S. März 2019

Wut

Wenn dir nichts gelingen mag,
du verfluchst den ganzen Tag.

Alle Versuche dir misslingen
und du könntest vor Wut zerspringen!

Dann geht man dir besser aus dem Weg.
Besser zu früh und nicht zu spät.

Zitternd du vor Wut erbebst,
nach Erleichterung dann strebst.

© A.S. März 2019

Wegwerfgesellschaft

Wenn ich einkaufen heut gehe,
überall ich Plastik sehe!

Gurke, Paprika und mehr –
eingeschweißt, na bitte sehr!

Kekse einzeln auch verschweißt.
Mann, was soll denn dieser Scheiß?

Kaffeebecher sind „to go",
fliegen in den Müll – sowieso.

Käse in Folie und Papier.
Ist das nicht auch zu viel dir?

Wann wird der Mensch wohl endlich wach
und denkt einmal so richtig nach?

Danken würde es uns die Natur,
verwendeten wir die nötigste Verpackung nur!

© A.S. März 2019

Damals

Wenn du heut an früher denkst,
Gedanken in die Kindheit lenkst,
fallen ein dir viele Sachen,
die als Kind dir Freude machten.

Du erinnerst dich an Spiele,
davon gab es wirklich viele.

Auch deine Freunde kommen dir in den Sinn.
Du fragst dich: Wo sind sie nur hin?

Damals wart ihr viel auf dem Hof.
Drinnen spielen – das war doof.

Gummitwist und Schwenkeltau,
beim Murmelspiel kam es zum Stau.

Wohnungen aus Sand gebaut,
Schlittschuhbahn zu schnell getaut.

Zeiten, die sind leider vorbei,
doch die Kamera war dabei.

© A.S. März 2019

Familie

Wenn ich alte Bilder sehe,
in Erinnerungen mich ergehe,
sehe ich Onkel und Tanten
und die anderen Anverwandten.

Oma lacht in ihrem Garten,
kann unsere Ankunft kaum erwarten.

Die Familie kann man sehen,
auch mal beim Spazierengehen.

Erinnerungen, die werden wach
und ich denke drüber nach,
was früher so war
und welche Verwandten sind noch da.

© A.S. März 2019

Vergänglichkeit

Wenn ich diese Rose sehe,
in Gedanken mich ergehe,
denke alles ist vergänglich.
Das betrifft auch dich und mich.

Unsere Zeit auf dieser Welt
ist auf Ablauf eingestellt.

Keiner kann für immer bleiben.
Doch gehen hoffentlich, ohne zu leiden.

Genießen wir darum die Zeit,
die uns hier auf Erden bleibt.

Freuen uns über kleine Dinge,
dass uns dies und das gelinge.

Hoffen, dass wir fröhlich oft sind.
Uns bewahren das innere Kind.

Und am Ende unseres Lebens,
wir nicht denken, es war vergebens.

© A.S. März 2019

Geheimnis

Wenn ich dir was anvertraue,
auf Verschwiegenheit ich baue.

Möchte dabei sicher sein,
das Geheimnis, es bleibt mein.

Gehst du und erzählst es weiter,
macht mich das nicht gerade heiter.

Ich bin enttäuscht und traurig dann,
fange auch zu weinen an.

Mein Geheimnis, das ist klar,
bei dir gar nicht sicher war.

Nie mehr werde ich es wagen,
dir so etwas anzutragen.

Werde vorsichtig nun wählen,
wem ich was kann wohl erzählen.

© A.S. März 2019

Jakobsmuscheln

Wenn ich in ein Restaurant gehe,
mir sogleich die Karte ansehe.

Suche bei den vielen Speisen,
freu mich bei mal kleinen Preisen.

Meeresfrüchte gibt es auch.
Dieses Angebot ich nicht brauch.

Mag weder Fisch noch Jakobsmuscheln,
auch wenn andere drüber tuscheln.

Mein Geschmack, der ist das nicht,
wähle schnell ein anderes Gericht.

© A.S. März 2019

Polizei

Wenn ich durch die Straßen gehe,
manchmal Polizisten ich sehe.

Diese tragen eine Uniform,
die genau entspricht der Norm.

Eine Waffe, die ist oft dabei.
Leider ist sie nötig für die Polizei.

Mancher Polizist trägt heute,
eine Body-Cam, ihr Leute.

Diese schaltet er gleich an,
wenn bedroht fühlt sich der Mann.

Früher war das nicht von Nöten.
Heute will man ihn vielleicht töten.

Polizisten Helfer sind!
Das sollte wissen schon jedes Kind!

© A.S. März 2019

Sexleben

Wenn es abends geht ins Bett,
ist ein bisschen kuscheln nett.

Sex muss gar nicht immer sein.
Zärtlichkeit, ja die ist fein.

Wichtig ist die Harmonie,
ohne sie geht's nämlich nie!

© A.S. März 2019

Hundehaufen

Wenn ich durch den Wald mal gehe,
ich so manches nicht verstehe!

Was da liegt am Wegesrand,
hab ich früher nicht gekannt.

Wo sonst Hundehaufen lagen,
fange ich mich an zu fragen,
wie kann es nur möglich sein,
dass man „das" nicht tut in den Müll rein.

In die Tüte wurde verpackt,
was das Tier hat „ausgekackt".

Plastiktüte mit Hundekot –
am Wegesrand – Mensch tut das Not?

© A.S. März 2019

Trüffelschwein

Wenn ich's versuche mit ´nem Reim
und zwar zum Thema Trüffelschwein,
dann fängt mein Kopf fast an zu rauchen,
denn die Ideen dazu sind nicht zu gebrauchen.
Drum gebe ich das Reimen hier auf
und lass den Schweinen ihren Lauf!

© A.S. März 2019

Rezeption

Wenn ich mal auf Reisen gehe,
im Hotel an der Rezeption stehe,
freue ich mich über ein nettes Wort
und bin gern an diesem Ort.

Der Portier hilft ohne Frage,
wenn ich Probleme zu ihm trage.

Will ich mit dem Bus mal fahr'n,
gibt er mir sogleich den Plan.

Auch die Karten fürs Theater,
besorgt er mir, so wie ein Vater.

Wenn im Haus ich fühl mich wohl,
wie er, ich komm wieder – jawohl!

© A.S. März 2019

Katzentretminen

Wenn wir in das Frühjahr starten,
freuen wir uns auf unseren Garten.

Beete werden vorbereitet,
Saatguttüten ausgebreitet.

Alles wäre wirklich fein,
würden die Katzenhaufen nicht sein.

Katze hält das Beet fürs Klo,
scharrt darin auch sowieso.

Zwiebeln, die wir grad gesteckt,
hat sie wieder „freigedeckt".

Unser Garten ihr gefällt,
auch wenn sie der Nachbar hält.

© A.S. März 2019

Hitzewelle

Wenn es draußen ist so heiß,
runter rinnt in Strömen der Schweiß.

Wind bewegt nicht mal ein Blatt.
Alle fühlen sich ganz matt.

Wollen schnell hin an den Strand.
Handtuch tragen sie in der Hand.

Wasserflaschen nicht vergessen
und was Leichtes nur zu essen.

Wenn im Wasser man geschwommen,
kleine Abkühlung hat man bekommen.

Hält leider nicht sehr lange an,
schon ist Schwitzen wieder dran.

© A.S. 27.02.2020

Klimawandel

Wenn ich mir die Nachrichten anschau,
frag ich mich, wann wird der Mensch schlau?

Wetter spielt total verrückt.
Winter uns mit fast zwanzig Grad beglückt.

Regen gibt's statt Schnee und Eis,
alle zahlen hierfür den Preis.

Wenn nicht bald wird umgedacht,
ja, auch von den Menschen mit Macht,
wird die Erde sich bös rächen,
ganz bestimmt auf großen Flächen.

Meeresspiegel, der steigt an.
Inseln liegen landunter sodann.

Alle sind gefordert jetzt.
Sollten nicht warten auf ein Gesetz.

Bitte mach auch du jetzt mit.
Vielleicht wird das Klima dann wieder fit.

© A.S. 27.02.2020

FKK

Wenn ich an den Strand mal gehe
und nur nackte Menschen sehe,
weiß ich, hier ist FKK
und bleib nicht sehr lange da.

Will die Nackten gar nicht sehen.
Nicht zwischen ihnen spazieren gehen.

Ja, so mancher sich entblößt
und nicht auf Verständnis stößt.

Ist dein Körper nicht perfekt,
lass ihn lieber mal bedeckt.

Ich möchte auch nicht nackig gehen,
sodass alle alles sehen.

Nein, FKK ist nichts für mich,
möcht' ja nicht erschrecken dich.

© A.S. 26.02.2020

Bergsee

Wenn ich hier am Gipfel stehe,
unter mir den Bergsee sehe,
fühle ich mich wirklich wohl.
Landschaft ist so wundervoll.

See, der glitzert hell im Licht.
Seine Schönheit, ein Gedicht.

Blau, das ist so hell und rein.
Auf dem Grund siehst du den Stein.

Zum Baden ist der See zu kalt,
gespeist von Gletschern, die sind uralt.

Bewundere seine Schönheit nur,
so etwas bietet nur die Natur.

© A.S. 27.02.2020

Weihnachtszeit

Wenn ich so im Laden stehe,
all die Weihnachtssachen sehe,
denke ich an den Kalender,
denn es ist doch erst September.

Muss das alles wirklich sein?
Vorfreude, die wird so klein.

Möchte keinen Weihnachtsmann,
der in der Sonne schmelzen kann.

Brauch auch keinen Dominostein
und auch keine Lebkuchen, nein!

All das gehört zur Weihnachtszeit,
wenn für das Fest wir sind bereit!

Weihnachtszeit ist im Dezember,
keinesfalls gehört sie in den September!

© A.S. 27.02.2020

Tannenduft

Wenn zur schönen Weihnachtszeit
Kerzen brennen weit und breit
und in jedes Raumes Luft
schwebt ein leichter Tannenduft,
dann ist Zeit mal für ´ne Pause.
Mach's gemütlich dir zuhause.
Hör dir Weihnachtslieder an,
iss ein Plätzchen dann und wann.
Und genieß das leise Glück,
von dem auch du bekommst ein Stück!

© A.S. 09.11.2020

Weihnachtsbäckerei

Wenn die Weihnachtszeit ist da,
singen wir in jedem Jahr:
„In der Weihnachtsbäckerei"
und vermischen Mehl und Ei.

Freuen uns am Plätzchenduft,
der erfüllt schon bald die Luft.

Zuckerguss wird angerührt,
so mancher sich dabei beschmiert.

Plätzchen füllen Blech um Blech,
Fallenlassen wäre schlecht.

Ausstechen, Formen oder Rollen
so vieles wir noch backen wollen.

Die Weihnachtsdosen stehen bereit,
denn es ist wieder Plätzchenzeit!

© A.S. 09.11.2020

Adventskalender

Wenn die Weihnachtszeit beginnt,
ja, dann freut sich jedes Kind.

Die Augen werden riesengroß:
Das Türchenöffnen, das geht los!

Was mag sich wohl dahinter verstecken?
Mach die Tür auf und du wirst es entdecken!

Ein Nascher, ein Spielzeug oder was sonst?
Die Spannung ist groß, was du heute bekommst.

24 Türen der Adventskalender hat.
Wenn die letzte du öffnest, findet Weihnachten
statt.

© A.S. 09.11.2020

Sternenhimmel

Wenn abends wir zum Himmel sehen,
dann sehen wir die Sterne aufgehen.

Sie erhellen den Himmel mit ihrem Licht.
In der Stadt siehst du viele von ihnen nicht.

Doch bist vom Licht du weit genug entfernt,
du schnell hast den Sternenhimmel kennenge-
lernt.

Du siehst den großen und kleinen Wagen,
kannst gar nicht alle Namen sagen.

Freust dich, wenn du stehst auf dieser Welt
und über dir leuchtet das Himmelszelt.

© A.S. 10.11.2020

Über die Autorin

Antje Steffen wurde 1969 in Kiel geboren und liebt das Meer und das Schreiben. Seit einigen Jahren veröffentlicht sie Kurzgeschichten, Gedichte, Haiku und Romane. Antje Steffen hat ein Fernstudium bei der Schule des Schreibens absolviert und sich in diesen drei Jahren mit den Grundzügen des kreativen Schreibens, der Belletristik und der Kinder- und Jugendliteratur beschäftigt. Näheres über die Autorin findet sich auf ihrer Website:

www.kunterbuntergeschichtenbasar.jimdofree.com

Bücher von Antje Steffen

Haiku-Bücher:
„Mit Haiku durch das Jahr", BOD Norderstedt, Haiku und Fotos zum Jahreslauf und zu den Feiertagen

„Momente des Lebens – Lebensmomente", BOD Norderstedt, Haiku-Sammlung mit einigen, wenigen Fotos, Band 1 - 5

Weihnachten:
„Snowy, der Weihnachtsschneemann", BOD Norderstedt, zehn Geschichten rund um den kleinen Schneemann und seine Freunde

Verschiedenes:
„Meer und mehr mit Antje", BOD Norderstedt, Geschichten, Gedichte und Haiku zum Thema „Meer" kombiniert mit Fotos zum Thema
„Tierische Fotogeschichten", BOD Norderstedt, Tierfotos mit kleinen Texten, die aus Sicht der Tiere geschrieben sind
„Zur rechten Zeit – Geschichten so bunt wie das Leben", Papierfresserchens MTM-Verlag, Kurzgeschichten-Sammlung

Romane:

„Summer – Liebe findet einen Weg", BOD Norderstedt, Liebesroman

„Hör auf die Musik, Carrie!", BOD Norderstedt, Kurzroman

„Was sagt dein Herz, Allysson?", BOD Norderstedt, Liebesroman

„Wo findest du dein Glück, Kyra?", BOD Norderstedt, Liebesroman, der teilweise in Australien spielt

„Sam backt sich ins Glück", Twentysix

„Wovon träumst du, Anna?", BOD Norderstedt

„Lauras Weihnachtsentscheidung", BOD Norderstedt, weihnachtlicher Liebesroman

„Eine Chance für Daniel", BOD Norderstedt, Liebesroman

„Was machen deine Träume, Anna?", BOD Norderstedt, Fortsetzung von „Wovon träumst du, Anna?"

Inhalt